LA VÉRITÉ

SUR LE

CENTRE-DROIT

————◦————

RÉPONSE

A L'AUTEUR « D'HENRIETTE »

PAR

LE VICOMTE ALBÉRIC DE ROTALIER

————

VESOUL

IMPRIMERIE DU COURRIER DE LA HAUTE-SAÔNE.

————

1877.

LA VÉRITÉ

SUR LE

CENTRE-DROIT

RÉPONSE

A L'AUTEUR « D'HENRIETTE »

PAR

LE VICOMTE ALBÉRIC DE ROTALIER

VESOUL

IMPRIMERIE DU COURRIER DE LA HAUTE-SAÔNE.

—

1877.

LA VÉRITÉ SUR LE CENTRE-DROIT

Je viens de lire, monsieur, les mémoires du marquis de Boisguerny; je les ai ouverts sans parti-pris, je les ai jugés sans partialité; en les fermant j'étais convaincu, permettez-moi de vous le dire, que vous aviez écrit une œuvre regrettable.

Et d'abord, fussiez-vous dans le vrai, à quoi servait cette apologie du Centre-Droit que vous avez entreprise? Les événements que vous relatez sont loin de nous déjà, les dissentiments d'alors s'éteignent, pourquoi les raviver?

Mais enfin, si vous croyiez avoir une mission à remplir, il fallait le faire avec l'impartialité que l'on est en droit d'exiger de l'historien; racontant des faits, vous deviez les présenter au lecteur qui doit être juge, sous leur vrai jour; mettant en scène des personnages politiques, vous deviez donner à chacun d'eux le caractère réel du parti qu'il représente. Ce n'est pas là ce que vous avez fait; vous avez écrit un réquisitoire.

Deux types représentent les deux partis que vous

mettez en présence; l'un, le marquis de Boisguerny est, selon vous, la personnification du Centre-Droit; dans le comte de Meignelay, vous voulez peindre l'Extrême-Droite.

Ces deux types sont-ils vrais? Ces deux personnages sont-ils réellement l'expression de leur parti? c'est ce qui devrait être, c'est ce qui n'est certainement pas.

Intelligent, instruit, éloquent, chevaleresque même à ses heures, Boisguerny est presque un homme remarquable. Son défaut capital, le manque de convictions, vous avez su le masquer en partie sous le charme dont vous l'avez revêtu; on s'intéresse à lui, il plaît; on voit qu'il est votre héros de prédilection, l'homme de votre choix, vous l'avez *soigné*.

En est-il de même du comte de Meignelay? Hélas! non. Et votre impartialité subit, dès le commencement, une rude atteinte.

Vous avez orné le député du Centre des plus riches couleurs de votre palette; pour peindre le royaliste convaincu, vous avez trempé vos pinceaux dans l'encre et vous avez barbouillé une caricature.

S'il y avait au Centre-Droit quelque rare Boisguerny, il n'y avait pas, à l'Extrême-Droite, un seul Meignelay.

Vous avez donc créé un personnage pour les besoins de la cause, deux personnages même; à l'ami, tous les talents, toutes les séductions; à l'ennemi..... rien. Le vieux gentilhomme n'est qu'un fanatique aveugle auquel vous n'accordez même pas de patriotisme.

Car M. de Meignelay ne voit que son Roi et, ni à côté du Roi, ni même derrière lui, il ne voit la patrie.

La patrie! monsieur; mais c'est pour elle que les

députés de l'Extrême-Droite désiraient que le Roi revint intact, avec tout son honneur et tout son prestige ; ils comprenaient bien, eux, qu'Henri V ne se serait fort pour le bien et puissant contre la révolution que s'il rentrait en France, non comme un Roi élu auquel on fait des conditions qui l'enchaînent; mais comme un *principe* dont on reconnaît la vérité et devant lequel on s'incline.

Et celà, *tous* le comprenaient, soyez-en sûr, *tous,* même les centre-droitiers, seulement beaucoup ne le voulaient pas.

Vos types créés à votre convenance, votre tâche devenait facile, trop facile pour un écrivain de votre talent. Vous ne vous êtes pas laissé une difficulté à vaincre, pas un raisonnement à détruire, car M. de Meignelay ne raisonne pas, il assomme.

En revanche, M. de Boisguerny, lui, raisonne sa conduite ; et comme il n'a pas de contradicteur, que des raisonnements spécieux, il finit toujours par avoir raison. Tous ses actes sont fondés sur une logique qui serait indiscutable si l'on admettait ses prémisses; seulement les prémisses sont fausses et le raisonnement s'en va à vau-l'eau.

Voyons en effet le monologue de Boisguerny, « suis-je royaliste ? » Après avoir passé en revue les raisons qui, selon lui, le font fatalement légitimiste, il ajoute : « Mais ce passé ne m'empêche pas d'étudier avec « sang-froid la situation de mon pays, ses intérêts, « ses goûts, ses besoins. » Et il part de là pour établir que le bonheur de la France n'étant pas subordonné à telle ou telle forme de gouvernement, la République et la Monarchie pouvant également faire vivre la patrie pacifiée et glorieuse, il ne voit aucune raison qui doive faire préférer l'une à l'autre. Par tradition cependant, il aime la Monarchie, il cherchera donc à la rétablir ; mais s'il juge ce rétablissement impossible il se ralliera franchement à la République qui, après tout, vaut bien la Monarchie.

Voilà l'homme politique que vous nous présentez, monsieur, et voilà les paroles que vous mettez dans sa bouche.

Beaucoup de vos lecteurs, peut-être, approuveront ce langage ; ils le trouveront honnête et patriotique, ils admireront l'homme prêt à sacrifier ses sympathies au bonheur de son pays le jour où ce sacrifice lui semblera nécessaire. Ils auraient raison s'il ne s'agissait que de sympathies et si le raisonnement était juste ; mais la conduite politique, ce sont les convictions qui la tracent et non les sympathies. Quant au raisonnement il est facile de voir par où il pèche.

Un des défauts de votre héros, monsieur, c'est qu'il n'est pas *suivi*, passez-moi cette expression qui rend bien ma pensée ; vous en faites un homme remarquable et il raisonne comme un enfant. Il pose en principe que tout gouvernement peut être également bon, et c'est sur un axiôme de cette force qu'il bâtit son raisonnement. Il pense que la République peut valoir la Monarchie, et il part de là ; mais c'est cela qu'il fallait, avant tout, prouver.

Mettre en présence la Royauté, la Monarchie de juillet, les deux Empires et les trois Républiques ; discuter les services rendus par ces divers gouvernements ; montrer ce que l'un ou l'autre a fait pour la grandeur, la prospérité, la gloire et le bonheur de la France ; dire dans quel état chacun d'eux l'a prise et chacun d'eux l'a laissée ; tel était le point de départ nécessaire d'un raisonnement dont la conclusion devait dicter la conduite politique d'un membre de la Chambre souveraine.

Voilà ce qu'aurait dû faire, avant de se présenter à ses électeurs, le marquis de Boisguerny ; son intelligence et sa conscience aidant, il se serait facilement formé une conviction. Peut-être, il est vrai, n'eût-il pas, alors, siégé au Centre-Droit.

Enfin, il eût été plus loyal de le mettre, une fois au moins, en face d'un contradicteur sérieux, de donner un avocat à ceux que vous accusez ; la maréchale Fourquevaux était tout indiquée pour ce rôle. Entre la royaliste convaincue et le candidat éclectique, la discussion eût été intéressante et instructive. Nous aurions eu, peut-être, ce qui manque à votre plaidoyer, monsieur, des arguments.

Malgré sa haute raison, Boisguerny n'est qu'un utopiste ; sa croyance à la possibilité d'une République conservatrice le prouve. Pour s'éclairer, le passé eût dû lui suffire ; aujourd'hui le présent encore lui donne tort.

Voyez, la tentative de la restauration monarchique a échoué ; la République a été proclamée ; Boisguerny, ses amis, qnelques membres de la droite même lui ont donné leur concours ; et cependant, malgré de si favorables circonstances, malgré la présence au fauteuil présidentiel d'un illustre soldat, d'un véritable conservateur la France, de plus en plus, s'enfonce dans le radicalisme.

Sans sécurité, sans prospérité à l'intérieur, sans alliances et sans prépondérance à l'extérieur, notre pays n'a plus sa place aux conseils des nations et c'est sans lui, ou tout comme, que se traitent les grandes questions européennes.

Comparez la position qu'occupe la France républicaine à celle qu'occupait la France de Louis XVIII et de Charles X, à celle qu'occuperait encore, n'en doutez pas, la France de Henri V et dites-moi si un patriote, si un Français peut hésiter un instant entre ces deux formes de gouvernement que votre héros met sur la même ligne.

Les élections ont eu lieu et nous retrouverons le marquis de Boisguerny à Versailles. J'ai, dès le début, un reproche à lui faire ; amoureux de M^{llo} de Meignelay, fille du député de l'Extrême-Droite, ne pouvant espérer être agréé d'elle et de son père qu'en se montrant fervent royaliste, il dissimule ses opinions. Ses actes, ses paroles, tout concourt à tromper le père et la fille ; son journal seul nous éclaire, mais, ce journal, il ne le montre à personne ; et si, plus tard, il se dévoile un peu à sa fiancée, ce n'est que le jour, où sûr de son amour, il croit pouvoir enfin jeter le masque.

Dans une discussion qui s'élève, à propos de la Révolution de juillet, entre l'amiral Narvajeac et le comte de Meignelay, celui-ci en appelle à Boisguerny. « Je crois, comme M. de Meignelay, « répond-il, « que les « révolutions qui, à diverses reprises, ont frappé la « Monarchie héréditaire sont des crimes. » Il voulait faire des réserves, c'est vrai ; mais la crainte de nuire à son amour l'en empêche, et il en reste sur cette approbation complète donnée à une opinion qu'il ne partage qu'incomplètement.

Ces réserves, l'amiral Narvajeac les fait ; elles consistent à prétendre *que les Royalistes jugent ces événements et les hommes qui y ont pris part avec plus de passion que de justice, et qu'ils doivent avoir au moins le courage de reconnaître que leurs amis n'ont pas été moins coupables.*

Ce jugement, je ne puis l'accepter sans protester et

sans le combattre ; je veux repousser, une fois encore, ces vieilles accusations souvent détruites, toujours renaissantes et qui n'ont d'autre but que de chercher à égarer l'opinion publique.

Pour le faire, il suffit, je crois, de citer impartialement les faits.

Je ne m'attacherai pas à la défense du gouvernement de Charles X ; si facile que soit cette défense, elle m'entraînerait trop loin ; elle m'est, du reste, absolument inutile pour condamner les hommes qui ont fait la révolution de juillet.

Je veux être beau joueur, monsieur, et mettre tous les atouts dans votre jeu.

Sans examiner si la Constitution laissait au Roi la possibilité de résister à la Révolution et d'assurer le calme et la prospérité du pays ; sans rechercher si la charte donnait ou non à Charles X le droit de faire les ordonnances ; sans m'inquiéter de savoir si, en votant contre le ministère avant qu'il aît fait acte de pouvoir, la Chambre nouvellement élue, restait dans le droit constitutionnel ; sans parler même de l'insurrection fomentée par les libéraux, je veux bien admettre un instant — quoi que ce soit loin d'être mon avis — que le Roi avait outre-passé ses pouvoirs.

Toutes ces concession faites — et elles sont larges — quel était le droit des députés, que pouvaient-ils demander ?

Le retrait des ordonnances, le changement du ministère, rien autre chose.

Eh bien, dès le 29 juillet les ordonnances sont retirées, le ministère est changé, le comte Gérard et M. Casimir Périer font partie du nouveau cabinet.

Satisfaction était donnée.

Et cependant, à la communication de ce décret qui

donnait gain de cause à la Chambre, que répond la commission municipale par l'organe de l'un des siens, M. Mauguin ?

Il est trop tard !

En 1848, ce mot devait être répété.

Que voulait-on donc ?

L'abdication du Roi.

Le 1er août 1830, le Roi nomme lieutenant-général du royaume M. le duc d'Orléans.

Le 2 août, Charles X abdique pour lui et son fils, et demande la proclamation de son petit-fils sous le nom de Henri V.

Maintenant, je ne puis aller plus loin dans mes concessions.

Que peut-on demander de plus ?

Est-ce au Roi que l'on en veut ? il a abdiqué.

A ces conseillers, à ses amis ? ils ne sont plus rien dans le gouvernement.

A sa politique ? on va la changer.

Les rênes de l'Etat sont entre les mains des hommes de la Révolution, *la charte va être désormais une vérité* et le nouveau Roi, enfant de dix ans, est pour long-temps encore sous la domination du conseil de régence qui sera nommé par les amis du libéralisme.

Certes, cette victoire devait suffire, et, à partir de ce jour, les héros de juillet n'ont même plus l'apparence d'une excuse à faire valoir.

Eh bien, le 3 août, le lieutenant-général du royaume lit aux Chambres réunies l'acte d'abdication du Roi et du Dauphin ; *mais sans faire mention de la réserve en faveur du duc de Bordeaux.*

Le 7 août enfin, sur la proposition de M. Bérard, *les Chambres n'étant pas en nombre*, le duc d'Orléans est proclamé Roi des Français par 219 voix et la sinistre farce est jouée !

Et maintenant, jugeons avec impartialité.

Soutenez encore, si vous voulez que les ultras, ont, par des opinions exagérées, par des fautes politiques contribué à la chute de Charles X. Sans l'admettre, je vous l'accorde ; mais sur qui doit retomber, entière et lourde, la responsabilité du renversement de la Monarchie légitime ?

Sur vous, hommes de 1830 ; sur vous qui avez inscrit, au Code de la France, le droit à la Révolution.

C'est au nom de ce droit que l'on vous a chassés en 1848 ; c'est au nom de ce droit que la Commune a ensanglanté Paris.

Sans mandat, sans droit, sans raisons vous avez changé l'ordre de succession au trône, violé la constitution séculaire de la France.

Vous avez désuni la Maison royale, affaibli le parti monarchique et c'est à vous encore, et pour ces causes, que nous devons les hontes de l'Empire, les douleurs de l'invasion et les malheurs qui, au moment où nous sommes menacent de toute part la patrie.

Je n'ai pas cherché cette discussion, monsieur, mais je ne devais pas la fuir. Je ne puis supporter en silence les injustices dont on nous accable, ni accepter les fautes dont on veut nous charger ; à chacun la responsabilité de ses actes.

Aujourd'hui la Maison de France est unie de nouveau et les princes d'Orléans ont fait leur devoir ; nous verrons tout à l'heure si leurs amis les ont imités dans cet acte de justice et de réparation.

Je vous l'ai dit déjà, aux actes de M. de Boisguerny

je ne vois rien à reprendre ; d'après ses discours — et probablement d'après ses votes — il peut passer pour un royaliste convaincu. Son journal, il est vrai, donne une toute autre opinion de lui ; à chaque instant il montre le bout de l'oreille et ne laisse pas échapper une occasion de décocher, aux légitimistes, une flèche perfide.

« La France , » dit-il quelque part, « ne serait « pas *implacablement hostile* à la Monarchie qui se « présenterait avec un caractère franchement libéral, « sans idée de retour à un régime condamné et tenant « à la main le drapeau national. »

Ces mots, *implacablement hostile,* tendraient à faire croire que la Restauration devait rencontrer dans le pays de grandes difficultés, une violente opposition. Vous savez bien qu'il n'en est rien et c'est Boisguerny lui-même qui nous dit quelques pages plus loin : « La Restauration est considérée comme inévitable ; *l'opinion se fait sans peine à cet état de choses nouveau et manifeste, par des traits non équivoques, sa confiance dans la Monarchie dont elle attend l'apaisement de nos discordes, la résurrection de nos grandeurs, le rétablissement de notre prospérité.* »

Voilà la vérité ; voilà la condamnation, par votre héros lui-même, des hommes qui ont empêché le retour de la Monarchie ; nous verrons bientôt quels sont ceux-là.

Chacun sait, monsieur, que nous ne sommes pas les retardataires que vous voulez bien dire ; nul parmi les royalistes n'a jamais rêvé ni désiré le retour à l'ancien régime ; cette accusation est usée, les radicaux qui s'en servent encore n'y croient plus eux-mêmes et je m'étonne de la trouver dans la bouche d'un monarchiste.

Quant aux idées de Monsieur le comte de Chambord, vous savez bien qu'elles elles sont ; la défense de vos amis n'aurait pas dû vous entraîner à vous servir d'arguments dont vous ne pouvez méconnaître la fausseté. Les lettres du Roi, vous pouvez les relire et vous regretterez, j'en suis certain, d'en avoir altéré le sens profondément et honnêtement libéral.

Je ne veux pas discuter, page par page, le journal de M. de Boisguerny, ni relever toutes ses attaques contre le Roi et ses plus fidèles serviteurs ; aussi bien, j'aurais trop à faire, car toute occasion lui est bonne.

Un député du Centre-Droit, le général Miroël, émet-il, à propos de l'élection Barodet, des opinions qui déplaisent à votre héros, vite une sortie contre l'Extrême-Droite ; et s'il n'avait pris soin de nous apprendre que le vieux général est un orléaniste, on croirait, à coup sûr, qu'il siége parmi les Chevau-légers.

Je ne relèverai pas non plus tous les raisonnements que vous mettez dans la bouche de M. de Meignelay ; les idées que vous lui prêtez gratuitement sont loin d'être, en général, celles des légitimistes ; mais vous mêlez si habilement le vrai au faux qu'il est extrêmement difficile de montrer où s'arrête l'un, où commence l'autre. Pour le faire complètement il faudrait reprendre votre livre alinéa par alinéa, ligne par ligne ; la tâche n'aurait pas de limite. Ce n'est pas sans raisons que vous avez choisi la forme la plus difficile à réfuter, le roman.

Entre mille, cependant, je veux choisir un exemple ; écoutez Boisguerny parlant de M. de Meignelay :

« Quant aux amis des princes d'Orléans, qui forment
« le Centre-Droit, et aux royalistes modérés qui souhai-

« tent énergiquement la fusion, il professe contre eux
« une haine aveugle, une défiance irraisonnable, qui
« les lui montre, en apparence, ralliés au comte de
« Chambord, mais en réalité, décidés à lui rendre
« l'accès du trône impossible, afin d'y mettre à sa
« place le comte de Paris. »

Dès le début de la législature, l'attitude des royalistes
a été favorable aux princes d'Orléans et à leurs amis.
Si cette prétendue haine que vous affirmez, monsieur,
avait existé réellement, il eût été facile aux royalistes
d'en donner des preuves. Interrogez vos souvenirs
et vous verrez quels ont été, dans toutes les questions qui intéressaient la Maison d'Orléans, les votes
de ceux que vous accusez d'injustice et d'aveuglement.

Aux concessions nombreuses que leur faisait la
Droite, les membres du Centre-Droit répondaient par
des exigences toujours croissantes. Ces sacrifices, sans
réciprocité, ont dû avoir un terme ; les amis des
princes d'Orléans n'ont jamais voulu comprendre que
les royalistes leur tendaient les bras, qu'ils les rece-
vraient avec bonheur ; mais qu'ils ne pouvaient aller à
eux parce que, si l'on doit souvent sacrifier ses sympathies à son devoir, on ne peut jamais abandonner
un principe.

Et si, plus tard, la défiance est née, croyez-vous
qu'elle n'avait pas ses raisons d'être ? Les royalistes,
quoique vous en disiez, souhaitaient énergiquement la
fusion ; les orléanistes, au contraire, paraissaient y tenir
beaucoup moins. Ils se donnaient comme les succes-
seurs des hommes de 1830 ; ils avaient le même programme, les mêmes sympathies, les mêmes aspirations ;
et si on les soupçonnait de n'être, qu'en apparence,
ralliés au comte de Chambord, de chercher à le rendre

impossible et de vouloir offrir la couronne à son neveu, ce soupçon n'était pas sans fondements.

Sans l'énergique et loyale attitude de M. le comte de Paris, vous nous le direz vous-même tout à l'heure, le Roi légitime aurait été évincé du trône par ceux que vous vous indignez maintenant de voir soupçonnés.

Voyons encore, quelque lignes plus bas, les paroles que vous attribuez à M. de Meignelay :

« . . . . . Et c'est au Roi qu'on ose imposer ces « conditions, à lui qu'on ose demander de s'incliner « devant la volonté nationale, de respecter le droit « public des Français, d'assurer leur intervention dans « la gestion de leurs affaires ! »

« La parole est à la France » a dit Monsieur le comte de Chambord ; il me paraît respecter, plus que vous ne semblez le croire, les décisions de la volonté nationale.

Quant à ce qui suit, monsieur, comment pourrais-je le qualifier ? Où et quand avez-vous vu le Roi ou ses amis refuser à la France d'assurer son intervention dans ses affaires, méconnaître le droit public des Français ? Citez une ligne, une seule ligne qui vous donne raison, je vous en mets au défi ! Sur quoi vous appuyez-vous pour justifier de telles allégations ? sur rien ; il vous est impossible d'en donner une preuve.

Je vous citerai, moi, des documents authentiques, ces lettres où le Roi soumet loyalement à la nation, le programme de son gouvernement ; nous mettrons ces deux affirmations en regard et l'on jugera, monsieur, laquelle doit être crue, celle du Roi où la vôtre.

Boiguerny, du reste, se contredit bientôt : « M. de « Meignelay, » dit-il, « est arrivé de Frohsdorf hier « matin. . . . . il rapporte des instructions précises « et des ordres formels qu'il est chargé de communi-« quer au parti royaliste dans l'Assemblée. *Ces instruc-*

« *tions et ces ordres ne diffèrent pas sensiblement des*
« *résolutions prises par l'unanimité des députés con-*
« *servateurs de toutes les opinions, à la veille de leur*
« *réunion.* »

Où donc sont maintenant ces théories inacceptables ?
Les ordres donnés par Monsieur le comte de Chambord
diffèrent peu des résolutions prises par les conservateurs ; l'entente est donc facile ; si elle ne se fait pas, c'est
que — le Roi n'ayant pas changé ses conditions —
les députés du centre auront augmenté leurs exigences.
Pourquoi ? *Parce qu'en réalité ils étaient décidés à*
rendre à Henri V l'accès du trône impossible.

Une singulière appréciation est celle que M. de Boisguerny fait de M. Casimir Périer ; elle mérite d'être
citée :

« M. Périer est un orléaniste que des *convictions*
« honorables et sincères, bien que récentes, et le
« *désespoir de ne pouvoir placer la couronne sur le*
« *front du petit-fils de Louis-Philippe,* ont jeté dans
« les rangs républicains. »

Je n'ai pu comprendre encore si ce passage contient
une ironie fine, mais amère, ou si c'est sérieusement
que le député du centre parle ainsi ; si c'est ironique,
c'est joli ; si c'est sérieux..... !

M. Périer est-il orléaniste ou républicain ? à moins
que ses *convictions* ne soient doubles, il ne peut être
que l'un des deux.

S'il est orléaniste, si c'est par désespoir qu'il s'est
jeté dans les rangs républicains, ce ne peut être assu-
rément par conviction.

Si, au contraire, c'est par conviction, ce ne peut
être en même temps par désespoir de n'avoir pas réussi
à couronner le Roi de son choix.

Laissez-moi vous dire encore qu'il ne faut pas abuser de ce mot de « conviction » qui ne convient pas à toutes les causes ; dans la plupart des cas on doit le remplacer par un autre, « ambition. »

Enfin, M. Thiers est tombé, l'espoir d'une prochaine Restauration n'est plus une chimère, la France respire.

« Il est arrivé des nouvelles de Vienne, » dit le marquis de Boisguerny, « la démarche du comte de « Paris a été couronné de succès. Les princes se sont « embrassés. La fusion est faite. Quelles seront les « conséquences de cet événement ? Dieu seul le sait. « La question du drapeau reste entière, d'autres en- « core. Mais les d'Orléans ont reconnu le principe de « l'hérédité légitime, détruit par la Révolution de « 1830, et désormais, le parti royaliste est un. »

En êtes-vous bien sûr, de cette union que vous affirmez, monsieur ? vous auriez mieux fait de dire : « La Maison de France est unie, » car, vous le savez bien, les amis des princes d'Orléans n'ont jamais suivi leur chef.

Dès l'année 1871, Monsieur le comte de Chambord qui, lui, n'a jamais voulu tromper personne, avait fait connaître à la France qu'il ne se séparerait pas de son drapeau.

Les membres du Centre-Droit *devaient savoir*, et *savaient dès lors qu'en refusant le drapeau blanc ils rendaient la Restauration impossible*. C'est donc en pleine connaissance de cause qu'ils ont agi.

Le comte de Meignelay avait raison de croire à la sincérité de M. le comte de Paris ; mais il n'avait pas tort aussi de se défier des amis du prince et de reconnaître, dans la résistance au drapeau. la main des orléanistes.

2

En vain Boisguerny prétent-il que, sans cette concession, le Roi ne pourra vaincre l'impopularité qui s'attache à son nom. Cette impopularité n'existe pas et il le sait bien, car, vingt lignes plus haut, il constate que *l'opinion manifeste, par des traits non équivoques, sa confiance dans la Monarchie dont elle attend l'apaisement de nos discordes, la résurrection de nos grandeurs, le rétablissement de nos prospérités !*

Singulière et inexplicable contradiction qui donne la mesure de l'importance que l'on doit acheter à ses affirmations.

« Les chances d'un dénouement monarchique » continue-t-il quelques jours après, « ne diminuent pas. « Elles s'accroissent au contraire et si les ardents du « parti royaliste ne commettent aucune faute, ce dé- « nouement est certain, mais peut-on croire à leur « modération et à leur sagesse ?..... En deça de la « doctrine absolutiste qui fait du Roi *le maître tout-* « *puissant de ses sujets et le collaborateur complaisant* « *des exigences ultramontaines, il n'y a, pour M. de* « *Meignelay, rien autre chose que la Révolution.* »

Et c'est celui qui tient un tel langage qui, tout à l'heure encore, osait accuser les amis du Roi d'injustice, d'aveuglement et de haine !

Est-ce une œuvre d'excitation contre la royauté que vous avez entreprise ? Si cela est, servez-vous au moins d'armes loyales, ne prêtez-pas aux légitimistes, des sentiments qui n'ont jamais été les leurs ; relisez, et citez, ce que vous n'avez jamais fait, les nobles paroles que le Roi a adressées au peuple Français.

Ces paroles vous condamnent, écoutez-les :

« On a feint de comprendre que je plaçais le pouvoir « royal au-dessus des lois et que je rêvais je ne sais

« quelles combinaisons gouvernementales basées sur
« l'arbitraire et l'absolu.

« Non, la Monarchie chrétienne et française est
« dans son essence même une Monarchie tempérée,
« qui n'a rien à emprunter à ces gouvernements d'a-
« venture qui promettent l'âge d'or et qui conduisent
« aux abîmes.

« Cette Monarchie tempérée comporte l'existence de
« deux Chambres, dont l'une est nommée par le Sou-
« verain dans des catégories déterminées, et l'autre
« par la nation selon le mode de suffrage réglé par la
« loi.

« Où trouver ici la place de l'arbitraire ? »

. . . .

« Je veux trouver dans les représentants de la na-
« tion des auxiliaires vigilants pour l'examen des
« questions *soumises à leur contrôle;* mais je ne veux
« pas de ces luttes stériles de Parlement, d'où le Sou-
« verain sort, trop souvent impuissant et affaibli; et
« si je repousse la formule d'importation étrangère,
« que répudient toutes nos traditions nationales, avec
« son Roi qui règne et qui ne gouverne pas, là encore
« je me sens en communauté parfaite avec les désirs
« de l'immense majorité, qui ne comprend rien à ces
« fictions, qui est fatiguée de ces mensonges.

« Français,

« Je suis prêt aujourd'hui comme je l'étais hier.
« La Maison de France est sincèrement, loyalement
« réconciliée, ralliez-vous, confiants, derrière elle. »

. . . .

« Que chacun, dans sa conscience, pèse les reponsa-
« bilités du présent et songe aux sévérités de l'his-
« toire.

Ces responsabilités, monsieur, on les a pesées et

elles ont été trouvées trop lourdes ; on veut les rejeter sur nous, nous les repoussons.

Je vous ai promis de mettre, en regard de vos affirmations, des documents authentiques ; écoutez-donc encore :

« ..... Ces devoirs je les remplirai, croyez en ma « parole d'honnête homme et de Roi.

« Dieu aidant, nous fonderons ensemble et quand « vous le voudrez, sur les larges assises de la décen- « tralisation administrative et des franchises locales, « un gouvernement conforme aux besoins réels du « pays.

« Nous donnerons pour garantie à ces libertés pu- « bliques, auxquelles tout peuple chrétien a droit, le « suffrage universel honnêtement pratiqué et le con- « trôle des deux Chambres, *et nous reprendrons en lui* « *restituant son caractère véritable, le mouvement* « *national de la fin du siècle dernier.* »

Le voilà ce prince dont le député du Centre ose dire que son ignorance en ce qui touche les désirs, les besoins, les aspirations de sa patrie est aussi profonde qu'est ardent et aveugle son attachement pour elle !

Le voilà ce Roi *absolu* et *autocrate* que l'on montre à la France comme une menace, ce Roi qui doit être le *maître tout-puissant* de ses sujets !

Et maintenant, entre Monsieur le comte de Chambord et le marquis de Boisguerny, jugez, peuple, et prenez parti.

Depuis le commencement de la législature de 1871, la Restauration de la Monarchie légitime était dans tous les esprits. La politique tortueuse de M. Thiers avait pu la retarder, lui arracher même quelques partisans, mais n'avait pas réussi à la faire oublier ; elle était restée le désir et l'espoir de la grande majorité des Français.

Pour éviter tout malentendu, pour couper court à toute hésitation, Monsieur le comte de Chambord exposa son programme à la France. Ce programme si net et si largement libéral satisfit tout le monde ; et si quelqu'étonnement accueillit d'abord l'affirmation du drapeau, aucune opposition sérieuse ne vint en ce moment faire obstacle au rétablissement de la Monarchie.

C'est qu'alors l'ennemi couvrait le sol français, c'est qu'alors les incendies de la Commune fumaient encore ; l'esprit de parti, avait, pour un instant, fait trève devant le danger.

Mais le temps passait, le souvenir des désastres s'affaiblissait, et bientôt reparurent les ambitions personnelles et les compétitions des partis.

La chute de M. Thiers, la visite de M. le comte de Paris à Frohsdorf purent encore faire croire, un instant, à l'union complète du parti royaliste et au rétablissement prochain de la Monarchie légitime.

Cet espoir ne devait pas être de longue durée.

L'entente cependant était alors facile, et si la bonne foi avait été réciproque, elle était certaine.

Appeler au trône Monsieur le comte de Chambord ; écrire, de concert avec le Roi, en prenant pour base ses nombreuses déclarations, la nouvelle Constitution du royaume de France ; ne pas faire mention du drapeau et laisser Henri V traiter cette question d'accord avec la représentation nationale ; telle était la voie sûre, rapide, honnête de rétablir la Monarchie séculaire et de faire sortir la France de ses ruines.

Pourquoi n'avez-vous pas suivi cette voie, libéraux du Centre-Droit ? si vous avez une excuse. donnez-la.

Vous pouviez en croire la parole du Roi et vous saviez bien qu'il ne retirerait aucune des promesses qu'il avait faites ; inutile était donc le voyage de M. Chesnelong ; vous deviez appeler le Roi, vous ne l'avez pas fait, vous avez manqué à votre devoir.

Pourquoi donc avoir parlé du drapeau, quelles raisons aviez-vous pour le faire ?

Oh ! je connais la réponse. La France se serait soulevée en masse si on avait tenté de lui imposer un autre drapeau que le drapeau tricolore. L'armée repoussait énergiquement le drapeau blanc, et contre lui, les chassepots seraient partis d'eux-mêmes.

Vous savez bien qu'il n'en est rien ; les Français, Boisguerny le constate, se réjouissaient à la pensée d'avoir un Roi ; ils s'inquiétaient bien peu de la couleur du drapeau, et chacun peut encore vous dire, que de cette question l'immense majorité ne s'occupait même pas.

L'armée, sans hésitation, aurait accepté comme en 1814 les couleurs qui lui auraient été données, ces couleurs sous lesquelles les soldats de la France s'étaient si longtemps couverts de gloire.

« Je n'arbore pas un nouveau drapeau » a dit Henri V, « je maintiens celui de la France et j'ai la fierté « de croire qu'il rendrait à nos armées leur antique « prestige.

« Si le drapeau blanc a éprouvé des revers, il y a « des humiliations qu'il n'a pas connues. »

C'est ailleurs, monsieur, que l'on doit chercher les causes de l'opposition faite au drapeau blanc par les membres du Centre-Droit. Ces causes, leur conduite nous les indique.

Les membres du Centre-Droit ne voulaient pas le retour à la Monarchie légitime ; mais ils n'entendaient pas non plus supporter, devant le pays, la responsabilité de l'échec qu'elle devait subir. Cette responsabilité il fallait la rejeter sur d'autres, et le drapeau fut mis en avant.

Si le Roi acceptait les conditions qui lui étaient faites, il était amoindri ; il devenait le Roi légitime de la Révolution, l'esclave d'un parti, et, sans force et sans prestige, il était fatalement obligé dans un avenir restreint, de faire un coup d'Etat ou d'abdiquer.

Le Roi refusait-il au contraire — et on l'espérait bien — on comptait déclarer le trône vacant et offrir la couronne à M. le comte de Paris.

Le calcul était habile ; mais on avait compté sans la loyauté du jeune prince qui devait faire avorter ces ténébreuses machinations.

Le projet de constitution que M. Chesnelong devait présenter au Roi était en effet très-net et très-libéral ; mais M. de Boisguerny se trompe lorsqu'il prétend qu'il mentionnait expressément le drapeau tricolore, et faisait, de son maintien, la condition essentielle de la Restauration.

Ce projet de Constitution, Monsieur le comte de Chambord l'accepte en son entier, quand au drapeau, la question était ainsi réglée : *Le Roi ne demandait pas que rien y fut changé avant sa rentrée en France. Il se réservait de proposer, et se faisait fort de faire accepter, une solution de nature à satisfaire son honneur et celui de la nation.*

Que pouvait-on demander de plus ?

On ne changeait pas le drapeau tricolore, il assistait à l'entrée du Roi, le Roi devait le saluer.

Et si, plus tard, un changement avait lieu, c'était sous la propre responsabilité du Souverain et avec l'assentiment du pays.

Toute difficulté semblait aplanie ; et l'on pouvait croire qu'une seule chose restait à faire, proclamer Henri V.

Arrêtons-nous un instant pour constater, d'après le journal de Boisguerny, avec quel bonheur cet espoir était accueilli. La foule circulait joyeuse et animée, *l'opinion s'était engagée affolée, sans raisonner, le peuple se réjouissait.*

Mais cette joie du peuple, joie universelle en France, ne pouvait influer sur l'immuable détermination des membres du Centre-Droit. Ils ne sauraient, dit Boisguerny, *accepter un drapeau que condamne le passé de leurs pères.* L'opposition se dessinait plus accentuée que jamais ; les conditions du programme accepté par Henri V ne pouvaient plus suffire, les exigences allaient augmenter.

M. Chesnelong est revenu et le projet de constitution est distribué ; les conditions acceptées par le Roi ont été changées, les exigences ont augmenté, le drapeau tricolore est déclaré maintenu.

Dans sa magnifique lettre du 27 octobre, Monsieur le comte de Chambord refuse d'acheter la couronne par des concessions déshonorantes ; il ne veut pas du trône au prix d'une équivoque ou d'un parjure ; il ne veut pas être un Roi sans puissance pour le bien, sans force contre le mal.

Quelques jours après, la couronne était offerte à M. le comte de Paris qui la refusait noblement, et le Centre-Droit affolé se jetait à corps perdu dans la République, en accusant l'Extrême-Droite d'avoir perdu la Monarchie.

Depuis trois ans nous voyons le résultat de cette

conduite, et nul n'oserait dire aujourd'hui que la République avec le drapeau tricolore, a mieux valu pour la France que la Monarchie avec le drapeau blanc.

Cette injustifiable résistance admise, vous avez raison de dire, monsieur, que sans le drapeau tricolore la Restauration était impossible. Cela suffit pour expliquer les hésitations et les divisions qui existèrent parmi les amis du Roi, au sujet de la conduite à tenir.

Les uns pensaient, que même sans le drapeau blanc, la Monarchie valait mieux que tout et qu'il fallait la rétablir au prix de ce dernier sacrifice.

D'autres au contraire croyaient fermement, qu'acceptant d'avilissantes conditions, le Roi n'aurait plus l'autorité nécessaire pour remplir sa mission ; que lui aussi échouerait et que le dernier espoir de salut disparaîtrait pour toujours.

Mieux valait donc encore laisser la France se rejeter dans les aventures, chercher vainement la prospérité dans des solutions temporaires et lui réserver, intact, pour le jour où ses yeux s'ouvriraient enfin, le *principe* qui seul peut lui rendre sa prépondérance et sa grandeur.

Mais si la Restauration n'a pas été possible, c'est le Centre-Droit seul qu'il faut en accuser.

Sans mandat, sans droit, sans raisons il a fait obstacle au drapeau séculaire de la France, et pour ne pas sacrifier ses sympathies personnelles, sans s'inquiéter des besoins de la patrie au nom de laquelle il feignait de parler, il l'a plongée sans remords dans de nouveaux hasards.

C'est que chez nous, aujourd'hui, on rencontre malheureusement peu d'hommes à convictions ; en politique, comme en religion, l'indifférence est de mode ; elle a glacé les esprits, rétréci les cœurs et n'y a plus laissé de place pour un sentiment généreux ou pour une noble pensée. Le Moi domine, l'intérêt personnel est tout, la patrie n'est rien, le mot Devoir n'est plus inscrit sur notre drapeau.

Au lieu de convictions on n'a plus que des sympathies; en politique c'est un mot nouveau; il est élastique et commode, il est bien de notre époque. Vos opinions vous gênent-elles? — vous en changez; — avez-vous été tour à tour royaliste, orléaniste, bonapartiste, républicain et du même encens avez-vous parfumé toutes vos idoles? — Que voulez-vous, affaire de sympathie! et tout est dit.

Oui, tout est dit pour la France.

Et en effet, monsieur, avec un tel système où voulez-vous, où pouvez-vous aller? Sur quel terrain commun rallierez-vous les conservateurs de toutes nuances? Au nom de qui, au nom de quoi leur demanderez-vous de serrer leurs rangs contre les envahissements du radicalisme?

Au nom de vos sympathies?

Mais ils ont les leurs aussi, pourquoi vous les sacrifieraient-ils; et pourquoi, aussi bien, ne leur sacrifieriez-vous pas les vôtres?

Au nom de la France?

Mais ils auront le droit de vous répondre qu'ils sont, en cette matière, aussi bons juges que vous.

Au nom du devoir?

Oh! non, aux hommes de convictions seuls le droit de se servir de ce mot là.

Le devoir, mais où serait-il? à droite ou à gauche, ici ou là? Comment sauriez-vous le trouver? Partout vous ne verriez que ténèbres et incertitude.

C'est cette incertitude terrible qui faisait dire naguère

à un grand citoyen d'un état républicain (*) : « En
« temps de révolution, ce n'est pas de faire son devoir
« qui est difficile, c'est de savoir où il est. » C'est
cette invincible incertitude, qui au jour prochain de la
lutte, aucun argument sérieux n'existant en faveur de
l'un ou de l'autre de vos partis, vous laissera isolés
contre les démocrates et vous fera écraser par eux
faibles, vous forts.

Ce terrain commun, monsieur, ce point de rallie-
ment, nous vous l'indiquons ; le droit, nous vous le
montrons ; le devoir, nous vous le traçons.

Nous vous attendons, revenez à nous ; revenez parce
que nous sommes la vérité, parce que nous sommes la
justice, parce que nous sommes le salut.

Villers-Poz. 18 février 1877.

(*) Le général Lee.

Vesoul. — Imp. A. du Cournau.

www.ingramcontent.com/pod-product-compliance
Lightning Source LLC
Chambersburg PA
CBHW060815280326
41934CB00010B/2701